Impressum
Verlag: BABADADA GmbH, Nedderfeld 112 , 22529 Hamburg
Geschäftsführer / Verlagsleitung: Harald Hof
Druck: Books on Demand GmbH, In de Tarpen 42, 22848 Norderstedt

Imprint
Publisher: BABADADA GmbH, Nedderfeld 112 , 22529 Hamburg, Germany
Managing Director / Publishing direction: Harald Hof
Print: Books on Demand GmbH, In de Tarpen 42, 22848 Norderstedt, Germany

1

# skola

# школа

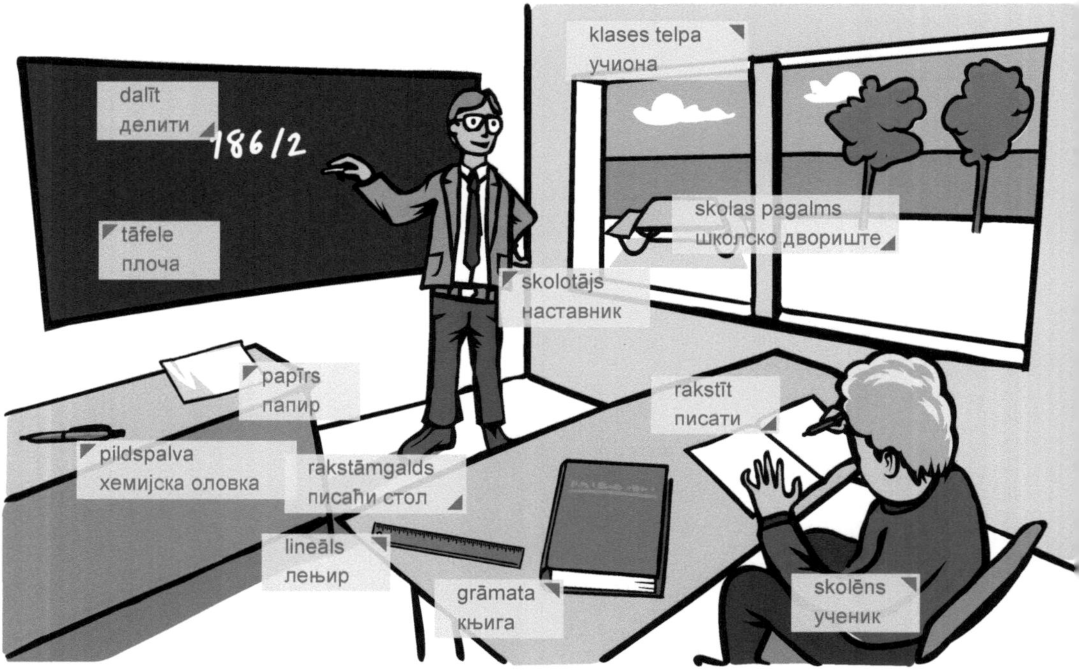
klases telpa
учиона
dalīt
делити
186/2
tāfele
плоча
skolas pagalms
школско двориште
skolotājs
наставник
papīrs
папир
rakstīt
писати
pildspalva
хемијска оловка
rakstāmgalds
писаћи стол
lineāls
лењир
grāmata
књига
skolēns
ученик

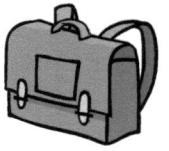

skolas soma

торба

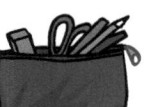

penālis

перница

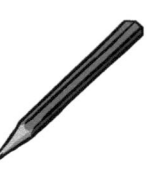

zīmulis

графитна оловка

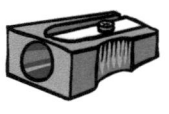

zīmuļu asināmais

шиљило за оловке

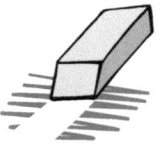

dzēšgumija

гумица за брисање

zīmēšanas bloks

блок за цртање

zīmējums

цртеж

ota

кист

krāsas

кутија са бојама

šķēres

маказе

līme

лепило

darba burtnīca

бележница

mājas darbs

домаћи задатак

**12**

skaitlis

број

**2+2**

saskaitīt

сабирати

**5-2**

atņemt

одузимати

**2×2**

reizināt

множити

rēķināt

рачунати

**A**

burts

слово

**ABCDEFG HIJKLMN OPQRSTU VWXYZ**

alfabēts

абецеда

vārds

реч

teksts

текст

lasīt

читати

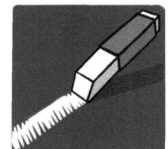

krīts

креда

mācību stunda

час

žurnāls

дневник

eksāmens

испит

liecība

сведочанство

skolas forma

школска униформа

izglītība

образовање

enciklopēdija

лексикон

universitāte

универзитет

mikroskops

микроскоп

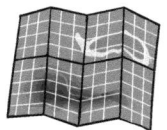

karte

карта

papīrgrozs

кошара за папир

# ceļojums
# путовање

viesnīca
хотел
Grand
hostelis
преноћиште
ROOMS
EXCHANGE
valūtas maiņas punkts
мењачница
čemodāns
кофер
automašīna
ауто

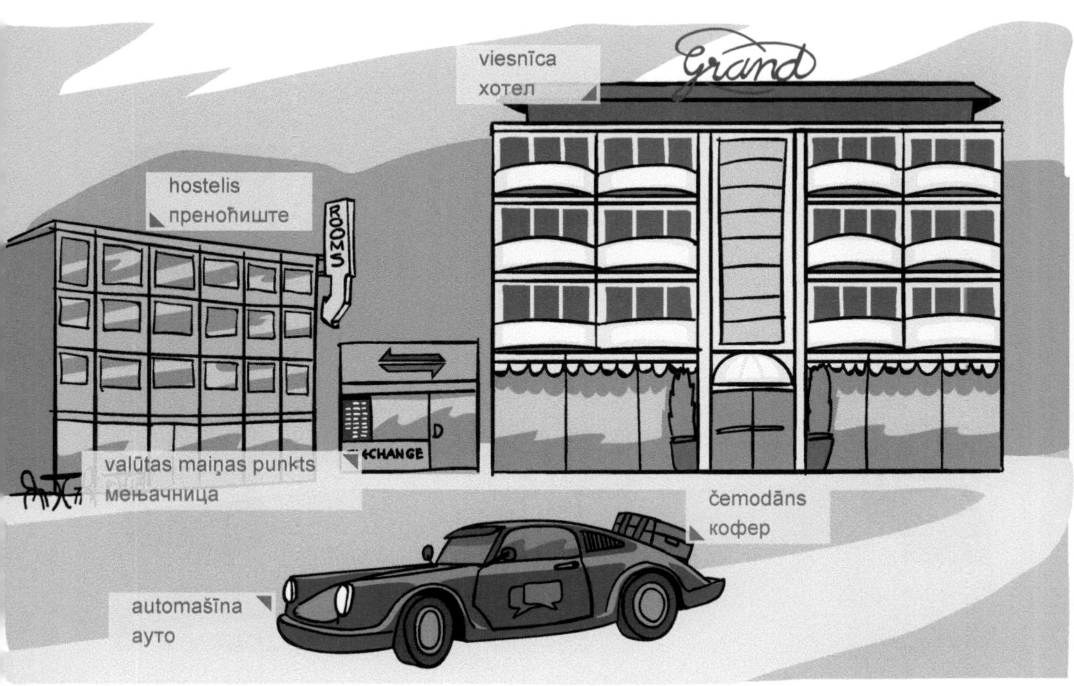

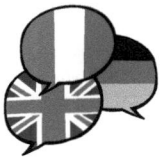

Valoda

језик

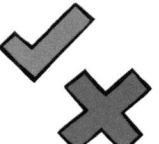

jā / nē

да / не

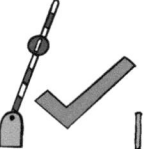

Okay

океј

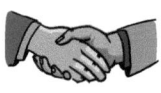

Sveiki!

здраво

tulks

преводилац

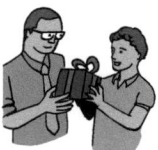

paldies

хвала

Cik maksā...?

Колико кошта...?

Es nesaprotu

не разумем

problēma

проблем

Labvakar!

добро вече!

Labrīt!

Добро јутро!

Ar labu nakti!

Лаку ноћ!

Uz redzēšanos

довиђења

virziens

смер

bagāža

пртљага

soma

торба

mugursoma

руксак

viesis

гост

istaba

соба

guļammaiss

вреħа за спавање

telts

шатор

tūrisma informācija
туристичке информације

pludmale
плажа

kredītkarte
кредитна картица

brokastis
доручак

pusdienas
ручак

vakariņas
вечера

biļete
карта за вожњу

lifts
лифт

pastmarka
поштанска маркица

robeža
граница

muita
царина

vēstniecība
амбасада

vīza
виза

pase
пасош

# transports
# транспорт

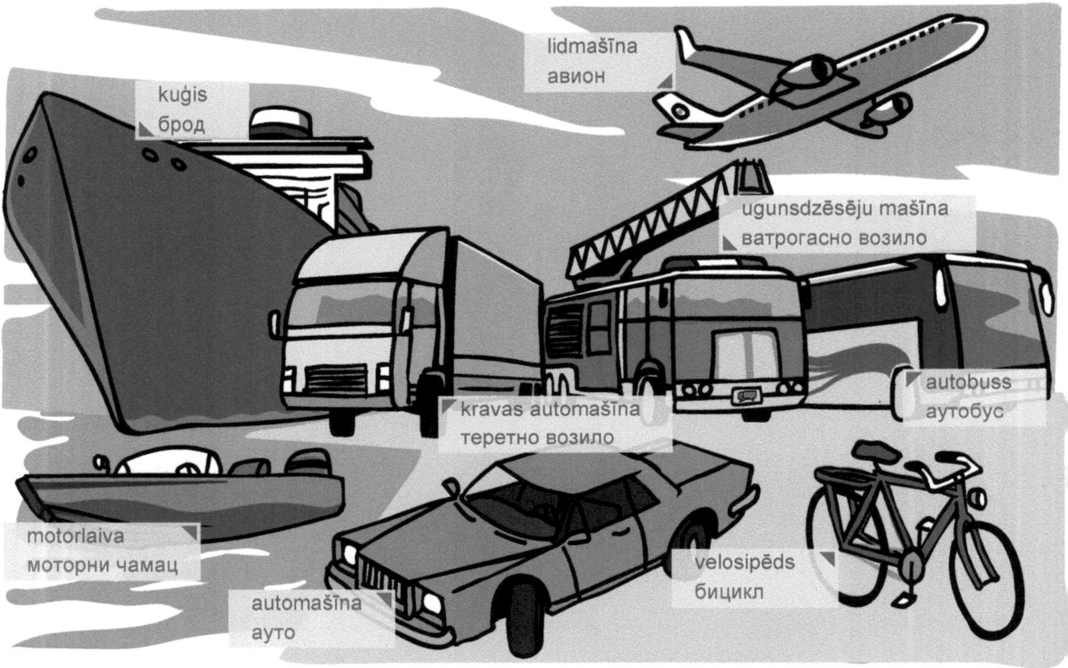

lidmašīna
авион
kuģis
брод
ugunsdzēsēju mašīna
ватрогасно возило
autobuss
аутобус
kravas automašīna
теретно возило
motorlaiva
моторни чамац
velosipēds
бицикл
automašīna
ауто


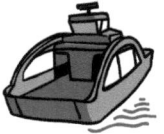

prāmis

трајект

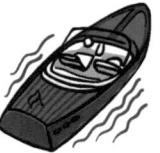

laiva

чамац

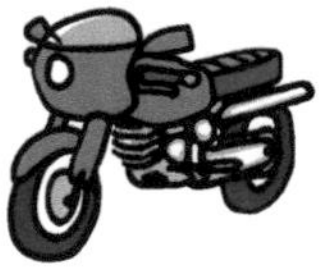

motocikls

мотоцикл

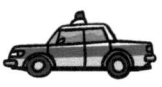

policijas automašīna

полицијски ауто

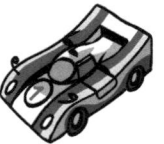

sacīkšu automobilis

тркаћи ауто

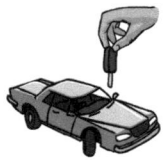

nomas auto

изнајмљено ауто

auto koplietošana

делење аутомобила

evakuators

вучно возило

atkritumu mašīna

возило за одвоз смећа

dzinējs

мотор

benzīns

бензин

degvielas uzpildes stacija

бензинска станица

ceļa zīme

саобраћајни знак

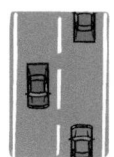

satiksme

саобраћај

sastrēgums

застој

stāvvieta

паркиралиште

dzelzceļa stacija

железничка станица

sliedes

шине

vilciens

воз

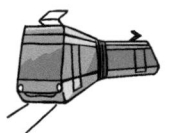

tramvajs

трамвај

vagons

вагон

helikopters

хеликоптер

lidosta

аеродром

tornis

кула

pasažieris

путник

konteiners

контејнер

kaste

картон

ratiņi

колица

grozs

корпа

pacelties / nosēsties

узлетети / слетети

## pilsēta

## град

ciems

село

pilsētas centrs

центар града

māja

кућа

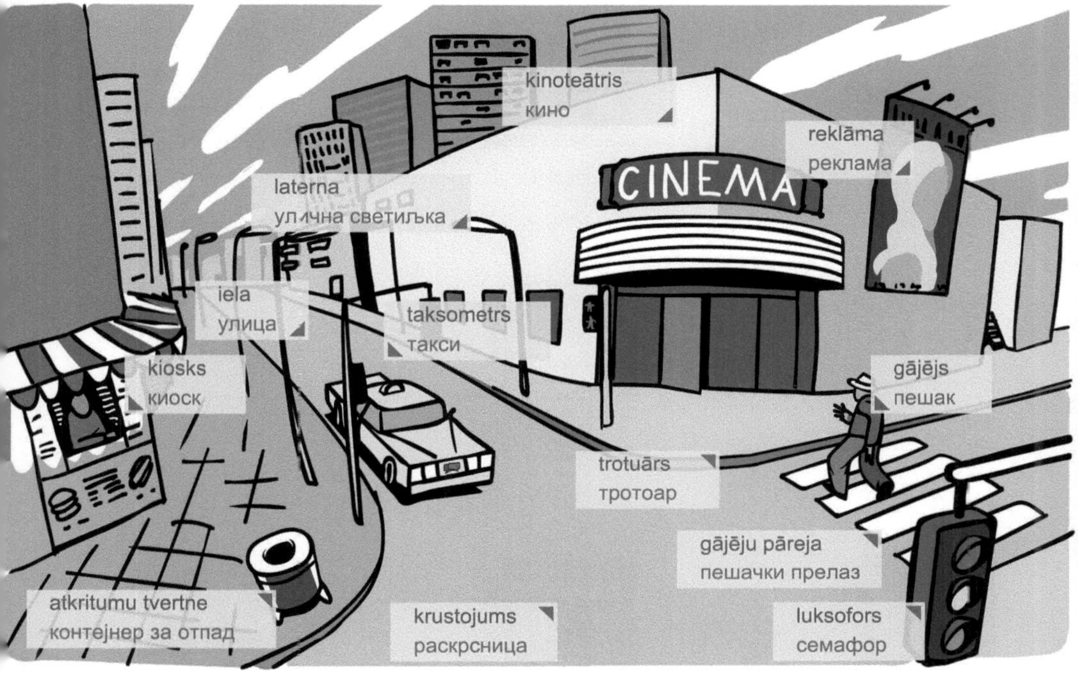

kinoteātris
кино

reklāma
реклама

laterna
улична светиљка

CINEMA

iela
улица

taksometrs
такси

kiosks
киоск

gājējs
пешак

trotuārs
тротоар

gājēju pāreja
пешачки прелаз

atkritumu tvertne
контејнер за отпад

krustojums
раскрсница

luksofors
семафор

būda
колиба

dzīvoklis
стан

dzelzceļa stacija
железничка станица

rātsnams
већница

muzejs
музеj

skola
школа

universitāte

универзитет

banka

банка

slimnīca

болница

viesnīca

хотел

aptieka

апотека

birojs

канцеларија

grāmatnīca

књижара

veikals

продавница

ziedu veikals

цвећара

lielveikals

супермаркет

tirgus

трг

tirdzniecības centrs

робна кућа

zivju tirgotājs

рибарница

tirdzniecības centrs

трговачки центар

osta

лука

parks
парк

sols
клупа

tilts
мост

kāpnes
степенице

metro
подземна железница

tunelis
тунел

autobusa pieturvieta
аутобуска станица

bārs
бар

restorāns
ресторан

pastkastīte
поштанско сандуче

ielas nosaukuma plāksne
улични знак

stāvlaika skaitītājs
паркирни аутомат

zooloģiskais dārzs
зоолошки врт

peldbaseins
базен

mošeja
џамија

zemnieku saimniecība
.................
сеоско газдинство

vides piesārņojums
.................
загађење околине

kapsēta
.................
гробље

baznīca
.................
црква

spēļu laukums
.................
игралиште

templis
.................
храм

## ainava

## пејсаж

lapa
лист

ceļrādis
путоказ

ceļš
пут

pļava
ливада

akmens
камен

koks
дрво

ceļotājs
шетач

upe
река

zāle
трава

puķe
цвет

ieleja

долина

kalns

планина

ezers

језеро

mežs

шума

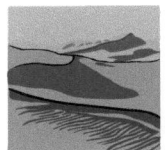

tuksnesis

пустиња

vulkāns

вулкан

pils

дворац

varavīksne

дуга

sēne

гљива

palma

палма

moskīts

москито

muša

мува

skudra

мрав

bite

пчела

zirneklis

паук

vabole

буба

varde

жаба

vāvere

веверица

ezis

јеж

zaķis

зец

pūce

сова

putns

птица

gulbis

лабуд

meža cūka

дивља свиња

briedis

јелен

alnis

лос

aizsprosts

насип

vēja ģenerators

ветрењача

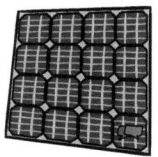

saules baterija

соларна плоча

klimats

клима

# restorāns

# ресторан

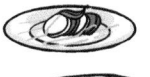

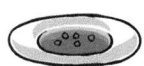

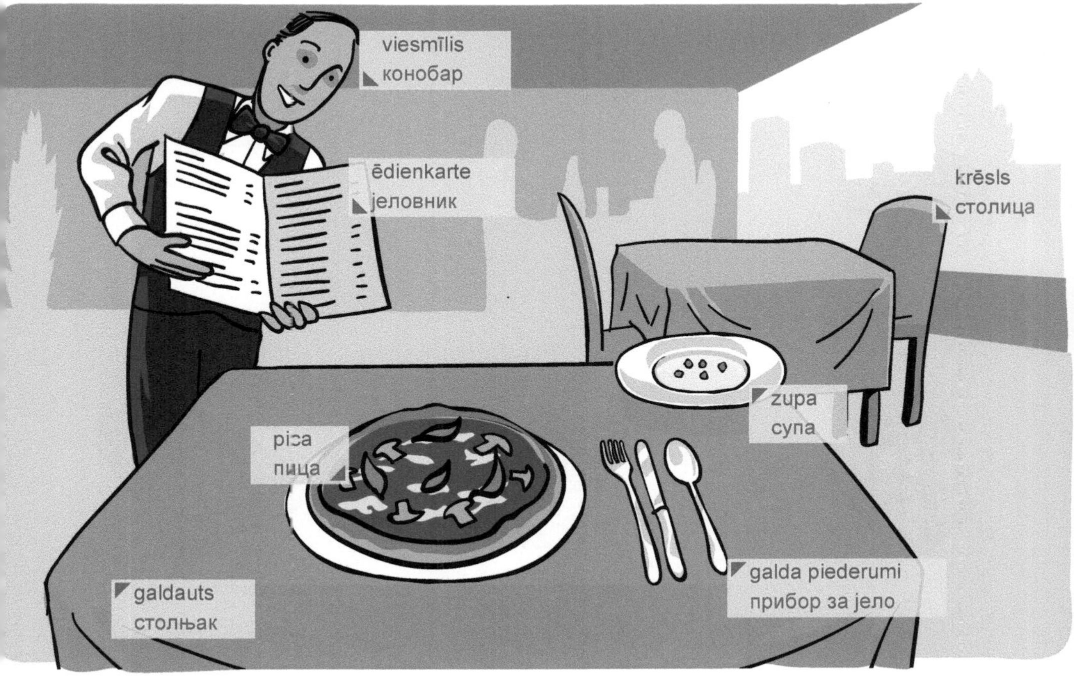

viesmīlis
конобар
ēdienkarte
јеловник
krēsls
столица
zupa
супа
pica
пица
galdauts
стољњак
galda piederumi
прибор за јело


uzkoda

предјело

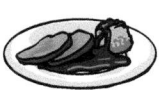

pamatēdiens

главно јело

deserts

десерт

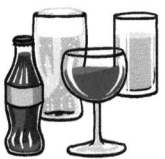

dzērieni

напитци

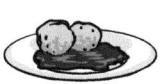

ēdiens

јело

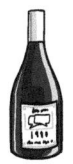

pudele

флаша

ātrās uzkodas

брза храна

ielu uzkodas

имбис храна

tējkanna

чајник

cukurtrauks

доза за шећер

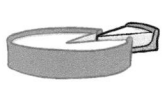

porcija

порција

espresso kafijas automāts

апарат за еспресо

bāra krēsls

висока столица

rēķins

рачун

paplāte

послужавник

nazis

нож

dakša

виљушка

karote

кашика

tējkarote

чајна кашика

salvete

салвета

glāze

чаша

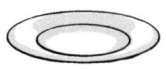

šķīvis
тањир

zupas šķīvis
тањир за супу

apakštase
тањирић

mērce
сос

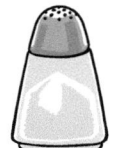

sāls trauciņš
сољенка

piparu dzirnaviņas
млин за бибер

etiķis
сирће

eļļa
уље

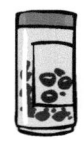

garšvielas
зачини

kečups
кечап

sinepes
сенф

majonēze
мајонеза

# lielveikals

# супермаркет

piedāvājums
понуда
FOR
klients
купац
piena produkti
млечни производи
augļi
воће
iepirkumu ratiņi
колица за куповину


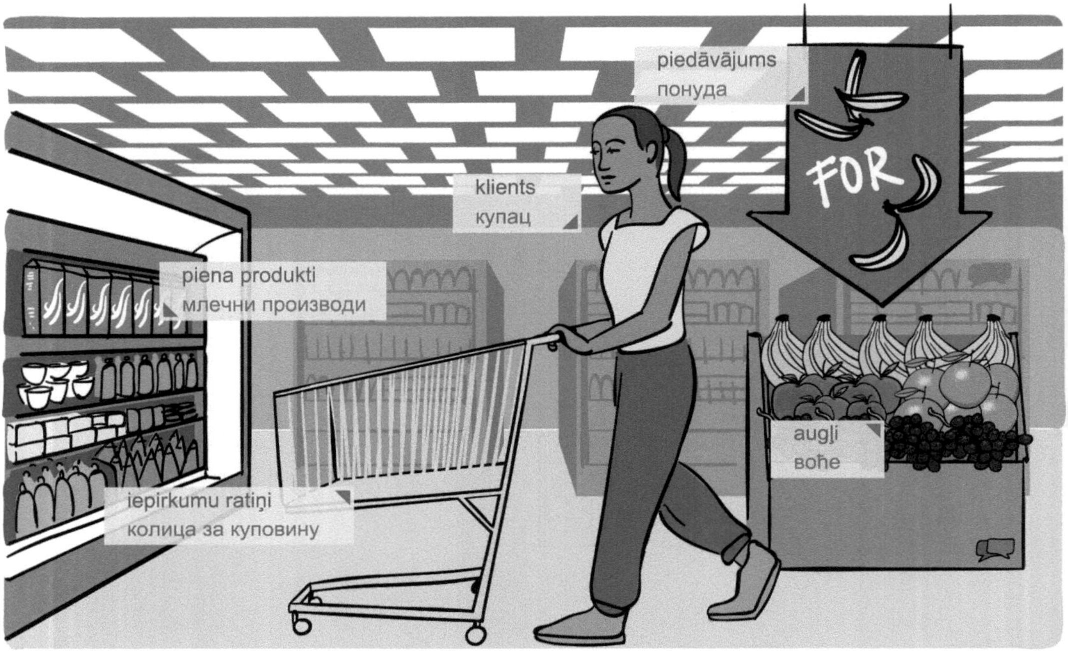

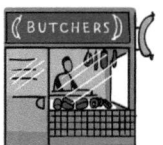

BUTCHERS


kautuve

месница

BAKERY


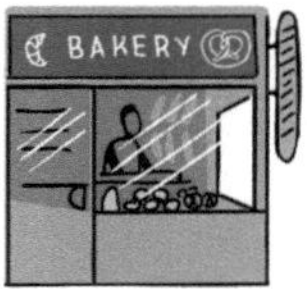

maizes veikals

пекара

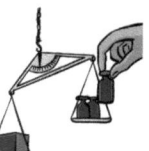

svērt

вагати

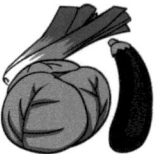

dārzeņi

поврће

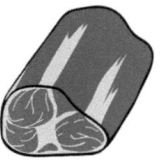

gaļa

месо

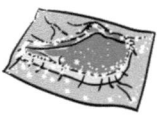

saldēti produkti

смрзнута храна

aukstās gaļas uzkodas

нарезак

konservi

конзерве

pulveris

средство за прање

saldumi

слаткиши

mājsaimniecības preces

артикли за домаћинство

tīrīšanas līdzeklis

средства за чишћење

pārdevēja

продавачица

kase

благајна

kasieris

благајник

iepirkumu saraksts

листа за куповину

darba laiks

време рада

maks

новчаник

kredītkarte

кредитна картица

soma

торба

maisiņš

пластична кеса

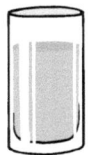

ūdens

вода

sula

сок

piens

млеко

kola

кола

vīns

вино

alus

пиво

alkohols

алкохол

kakao

какао

tēja

чај

kafija

кава

espresso

еспресо

kapučīno

капучино

banāns

банана

ābols

јабука

apelsīns

наранџа

melone

лубеница

citrons

лимун

burkāns

шаргарепа

ķiploks

бели лук

bambuss

бамбус

sīpols

лук

sēne

гљива

rieksti

орашасти плодови

makaroni

резанци

spageti

шпагете

rīsi

рижа

salāti

салата

frī kartupeļi

помфрит

cepti kartupeļi

печени крумпир

pica

пица

hamburgers

хамбургер

sviestmaize

сендвич

šnicele

шницла

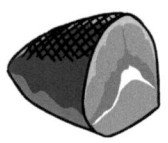

šķiņķis

шунка

salami

салама

desa

кобасица

vista

кокош

cepetis

печење

zivs

риба

24                    ēdiens - jelo

auzu pārslas

зобене пахуљице

milti

брашно

maize

хлеб

sviests

маслац

ola

jaje

muslis

мусли

radziņš

кроасан

tostermaize

тоаст

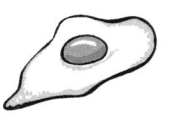

biezpiens

свежи сир

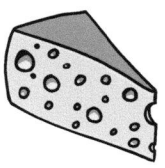

cepta ola

jaje на око

brokastu pārslas

кукурузне пахуљице

brokastu maizītes

пециво

cepumi

кекси

kūka

колач

siers

сир

saldējums

сладолед

cukurs

шећер

medus

мед

marmelāde

мармелада

riekstu krēms

нугат крема

karijs

кари

# zemnieku saimniecība
# сеоско газдинство

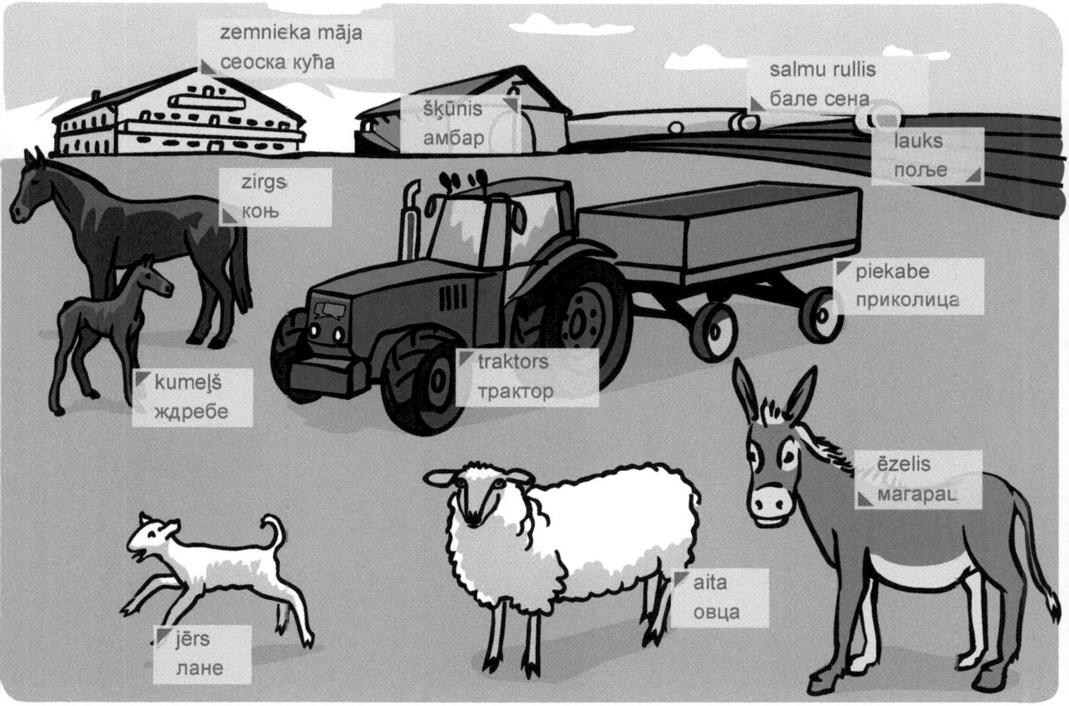

zemnieka māja
сеоска кућа
šķūnis
амбар
salmu rullis
бале сена
lauks
поље
zirgs
коњ
piekabe
приколица
kumeļš
ждребе
traktors
трактор
ēzelis
магарац
aita
овца
jērs
лане


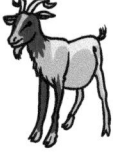

kaza

коза

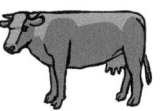

govs

крава

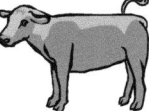

teļš

теле

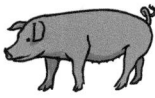

cūka

свиња

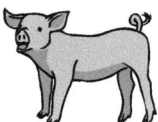

sivēns

прасе

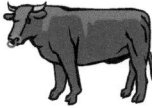

bullis

бик

zoss

гуска

pīle

патка

cālis

пилићи

vista

кокош

gailis

петао

žurka

пацов

kaķis

мачка

pele

миш

vērsis

вол

suns

пас

suņa būda

кућица за пса

dārza šļūtene

вртно црево

lejkanna

канта за поливање

izkapts

коса

arkls

плуг

sirpis

срп

kaplis

мотика

mēslu dakša

виљушка за ђубриво

cirvis

секира

ķerra

тачке

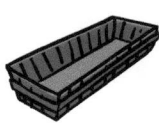

sile

корито

piena kanna

посуда за млеко

maiss

врећа

žogs

ограда

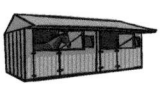

kūts

штала

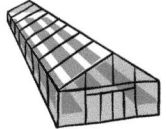

siltumnīca

стакленик

augsne

земља

sēklas

семе

mēslojums

ђубриво

kombains

комбајн

novākt ražu

жети

raža

жетва

jamss

јамс зачин

kvieši

пшеница

soja

соја

kartupelis

крумпир

kukurūza

кукуруз

rapsis

уљана репица

augļu koks

воћка

manioka

гомољ маниоке

labība

житарице

# māja

# кућа

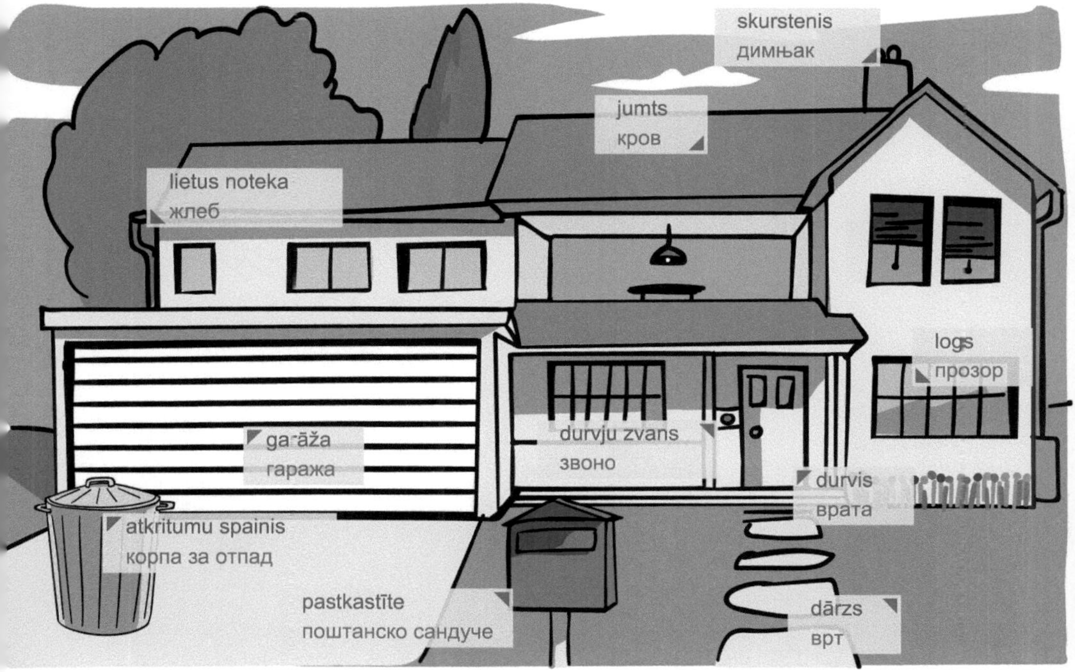
skurstenis
димњак
jumts
кров
lietus noteka
жлеб
logs
прозор
garāža
гаража
durvju zvans
звоно
durvis
врата
atkritumu spainis
корпа за отпад
pastkastīte
поштанско сандуче
dārzs
врт

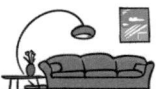

viesistaba

дневна соба

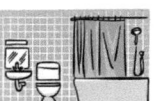

vannas istaba

купаоница

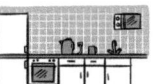

virtuve

кухиња

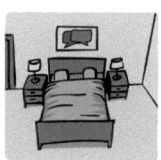

guļamistaba

спаваћа соба

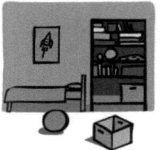

bērnu istaba

дечија соба

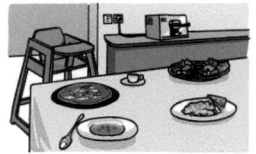

ēdamistaba

трпезарија

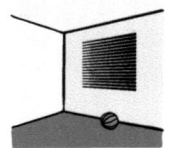

grīda

под

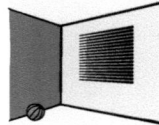

siena

зид

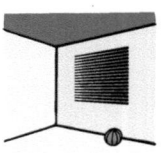

griesti

строп

pagrabs

подрум

sauna

сауна

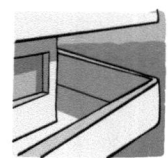

balkons

балкон

terase

тераса

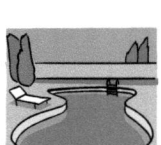

baseins

базен

zāles pļāvējs

косилица за траву

gultas veļa

постељина за кревет

sega

дека за кревет

gulta

кревет

slota

метла

spainis

канта

slēdzis

прекидач

# viesistaba
# дневна соба

tapetes
тапета
attēls
слика
lampa
светиљка
plaukts
регал
skapis
ормар
televizors
телевизија
kamīns
камин
puķe
цвет
spilvens
јастук
dīvāns
кауч
vāze
ваза
tālvadības pults
даљински управљач

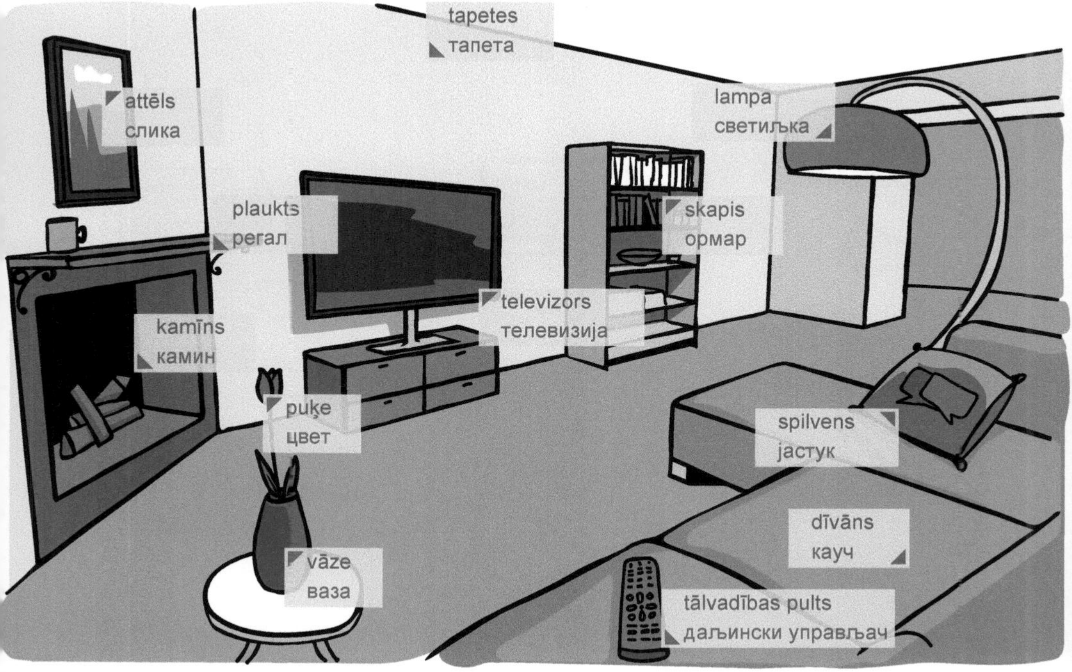

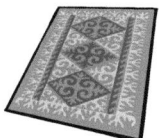

paklājs

тепих

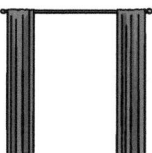

aizkars

завеса

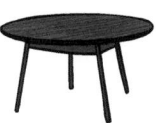

galds

сто

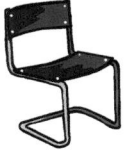

krēsls

столица

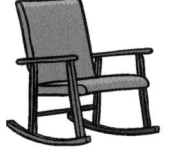

šūpuļkrēsls

столица за њихање

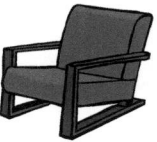

atpūtas krēsls

фотеља

grāmata

књига

sega

дека

dekorācija

декорација

malka

дрво за огрев

filma

филм

mūzikas centrs

хи-фи уређај

atslēga

кључ

avīze

новине

glezna

слика на платну

plakāts

постер

radio

радио

pierakstu blociņš

блок за писање

putekļu sūcējs

усисивач

kaktuss

кактус

svece

свећа

# virtuve
# кухиња

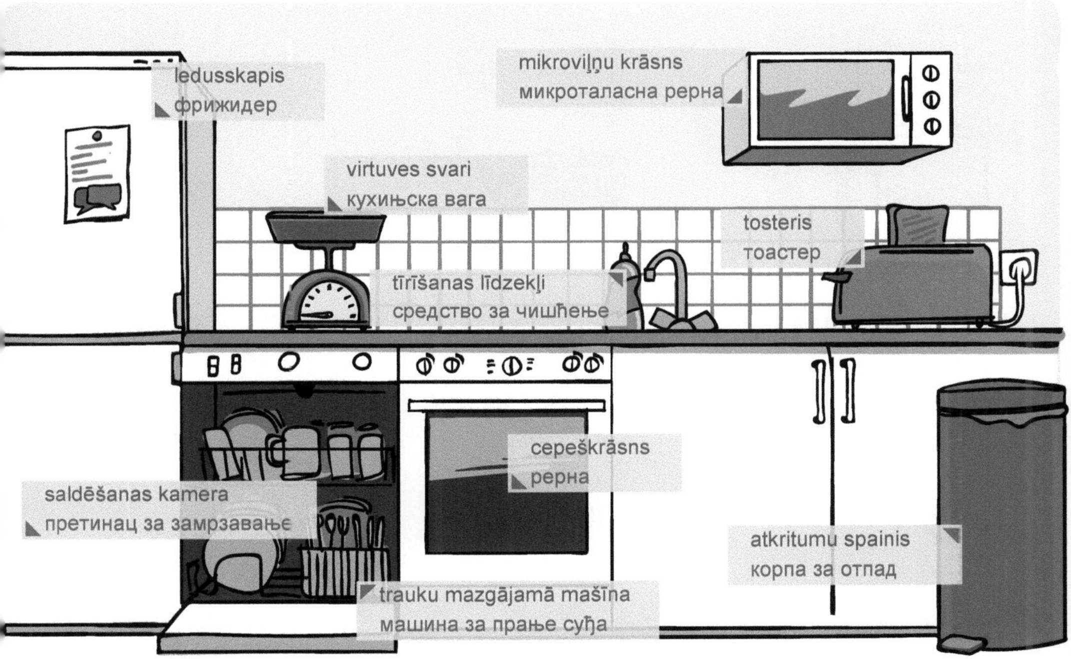
ledusskapis
фрижидер
mikroviļņu krāsns
микроталасна рерна
virtuves svari
кухињска вага
tosteris
тоастер
tīrīšanas līdzekļi
средство за чишћење
cepeškrāsns
рерна
saldēšanas kamera
претинац за замрзавање
atkritumu spainis
корпа за отпад
trauku mazgājamā mašīna
машина за прање суђа

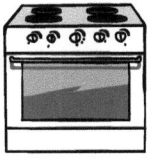

plīts

шпорет

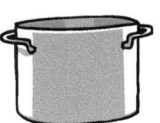

pods

лонац

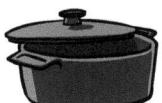

katls

гвоздени лонац

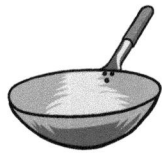

Wok panna

вок / кадаи

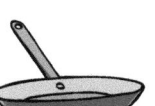

panna

тава

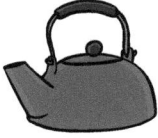

elektriskā tējkanna

кувало за воду

tvaika katls

кувало на пару

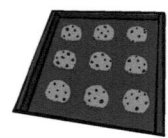

cepešpanna

лим за печење

trauki

посуђе

krūze

чаша

bļoda

посуда

irbulīši

штапићи за јело

kauss

кутлача

lāpstiņa

лопатица

putošanas slotiņa

пењача

sietiņš

сито за кување

siets

сито

rīve

рибеж

piesta

мужар

grilēt

роштиљ

atklāts pavards

огњиште

dēlis
даска

mīklas rullis
оклагија

korķu vilķis
вадичеп

bundža
конзерва

konservu nazis
отварач конзерви

virtuves cimdi
крпа за лонац

izlietne
судопер

birste
четка

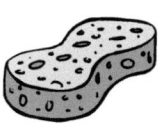

sūklis
сунђер

mikseris
миксер

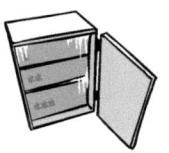

saldētava
замрзивач

bērna pudelīte
флашица за бебе

ūdenskrāns
славина за воду

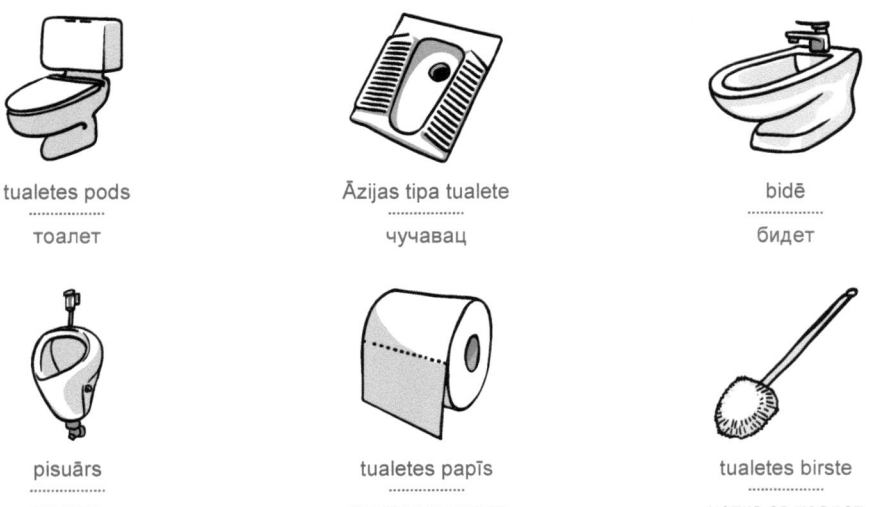

# vannas istaba

# купаоница

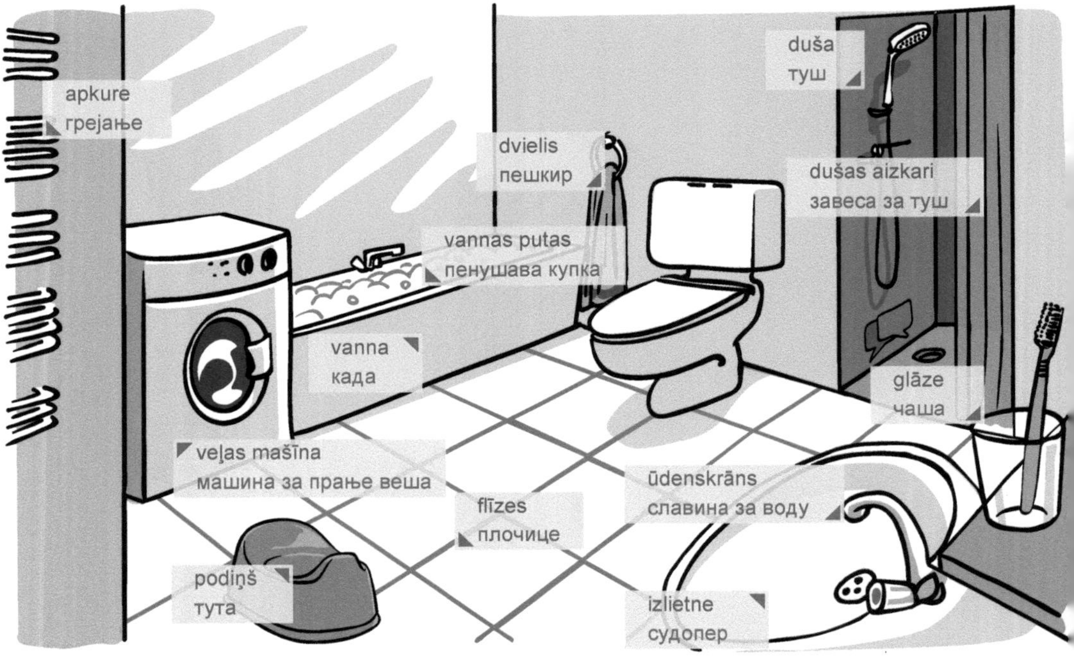

apkure
грејање
dvielis
пешкир
duša
туш
dušas aizkari
завеса за туш
vannas putas
пенушава купка
vanna
када
glāze
чаша
veļas mašīna
машина за прање веша
ūdenskrāns
славина за воду
flīzes
плочице
podiņš
тута
izlietne
судопер


tualetes pods

тоалет

Āzijas tipa tualete

чучавац

bidē

бидет

pisuārs

писоар

tualetes papīs

тоалетни папир

tualetes birste

четка за тоалет

zobu birste
четкица за зубе

zobu pasta
паста за зубе

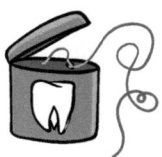

zobu diegs
конац за зубе

mazgāt
прати

rokas duša
туш ручица

duša
туш за прање интимних
делова

bļoda
лавор

muguras mazgāšanas birste
четка за прање леђа

ziepes
сапун

dušas želeja
гел за туширање

šampūns
шампон

mazgāšanas drāna
крпа за прање

noteka
одвод

krēms
крема

dezodorants
дезодоранс

**spogulis**

огледало

**spogulītis**

козметичко огледало

**skuveklis**

бријач

**skūšanās putas**

пена за бријање

**losjons pēc skūšanās**

лосион за после бријања

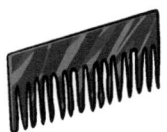

**ķemme**

чешаљ

**matu suka**

четка

**matu fēns**

фен за косу

**matu laka**

спреј за косу

**grima komplekts**

шминка

**lūpu krāsa**

руж за усне

**nagulaka**

лак за нокте

**vate**

вата

**šķērītes**

маказе за нокте

**smaržas**

парфем

kosmētikas maks

козметичка торбица

ķeblītis

столица

svari

вага

halāts

огртач

tīrīšanas cimdi

рукавице за чишћење

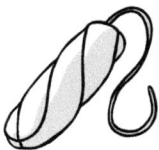

tampons

тампон

pakete

уложак

ķīmiskā tualete

хемијски тоалет

# bērnu istaba
# дечија соба

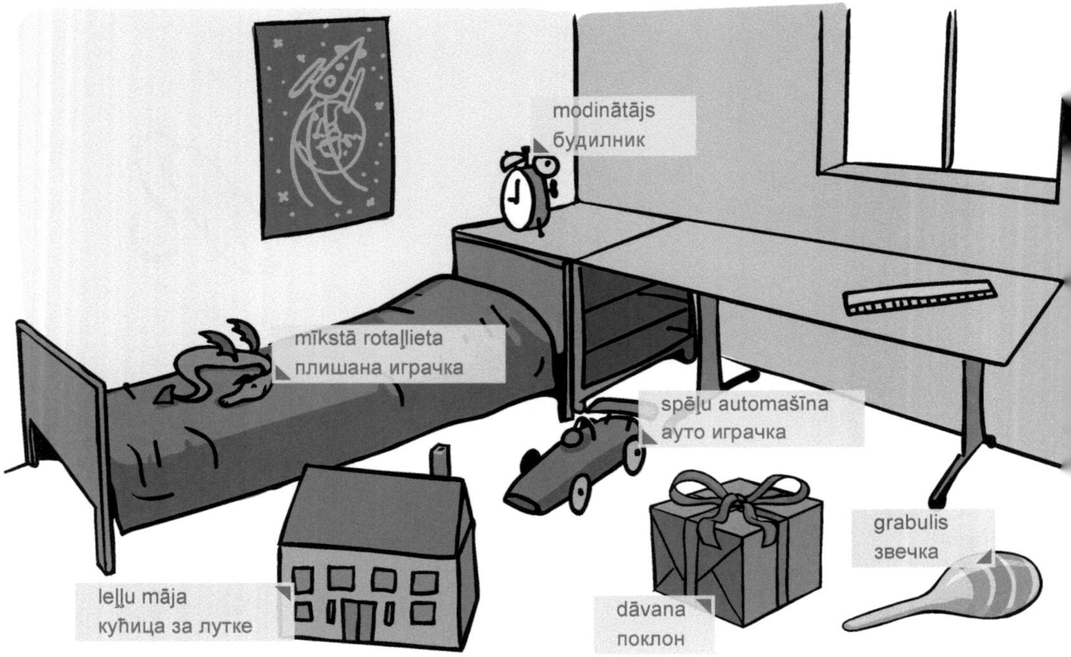

modinātājs
будилник
mīkstā rotaļlieta
плишана играчка
spēļu automašīna
ауто играчка
grabulis
звечка
leļļu māja
кућица за лутке
dāvana
поклон


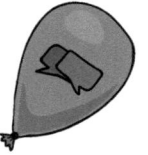

balons

балон

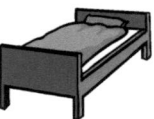

gulta

кревет

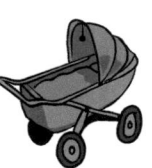

bērnu ratiņi

дјечија колица

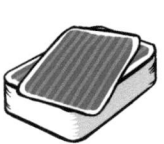

kārtis

игра са картама

puzle

слагалица

SUPER
MEGA


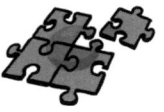

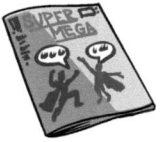

komikss

стрип

LEGO klucīši

лего коцкице

klucīši

коцкице за слагање

varoņu figūra

акциони јунак

rāpulītis

бенкица за бебе

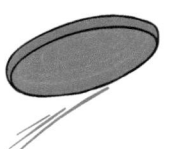

lidojošais šķīvītis

фризби

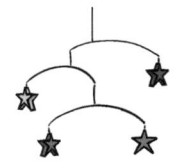

muzikālais karuselis

висеће играчке

galda spēle

друштвене игре

metamais kauliņš

коцка

rotaļu dzelzceļš

минијатурна жељезница

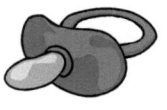

māneklis

дуда

ballīte

забава

bilžu grāmata

сликовница

bumba

лопта

lelle

лутка

spēlēt

играти

smilšu kaste

пешчаник

šūpoles

љуљачка

rotaļlietas

играчка

spēļu konsole

конзола за игре

trīsritenis

трицикл

plīša lācītis

теди

drēbju skapis

ормар

## apģērbs

## одећа

īszeķes

кратке чарапе

zeķes

чарапе

zeķbikses

хулахопке

šalle
шал

siksna
каиш

lietussargs
кишобран

T-krekls
мајица

zābaks
чизме

čības
папуче

botas
патике

sandales
....................
сандале

kurpes
....................
ципеле

gumijas zābaki
....................
гумене чизме

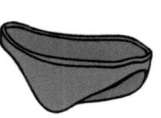

apakšbikses
....................
гаћице

krūšturis
....................
грудњак

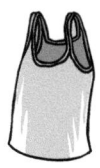

apakškrekls
....................
поткошуља

bodijs

боди

bikses

панталоне

džinsi

фармерке

svārki

сукња

blūze

блуза

krekls

кошуља

pulovers

џемпер

džemperis

џемпер с капуљачом

žakete

сако

jaka

јакна

mētelis

мантил

lietus mētelis

кабаница

kostīms

костим

kleita

хаљина

kāzu kleita

венчаница

uzvalks

одело

naktskrekls

спаваћица

pidžama

пиџама

sari

сари

lakats

марама за главу

turbāns

турбан

burka

бурка

kaftāns

кафтан

abaja

абаја

peldkostīms

купаћи костим

peldbikses

купаће гаћице

šorti

кратке панталоне

treniņtērps

одећа за тренинг

priekšauts

кецеља

cimdi

рукавице

poga

дугме

brilles

наочаре

rokassprādze

наруквица

kaklarota

огрлица

gredzens

прстен

auskars

наушница

cepure

капа

drēbju pakaramais

вешалица

platmale

шешир

kaklasaite

кравата

rāvējslēdzējs

патент затварач

ķivere

кацига

bikšturi

нараменице

skolas forma

школска униформа

uniforma

униформа

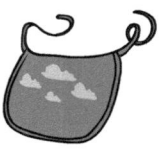

priekšautiņš

подбрадак

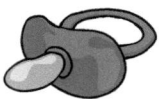

māneklis

дуда

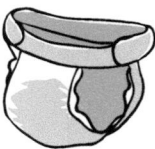

autiņbiksītes

пелена

# birojs
# канцеларија

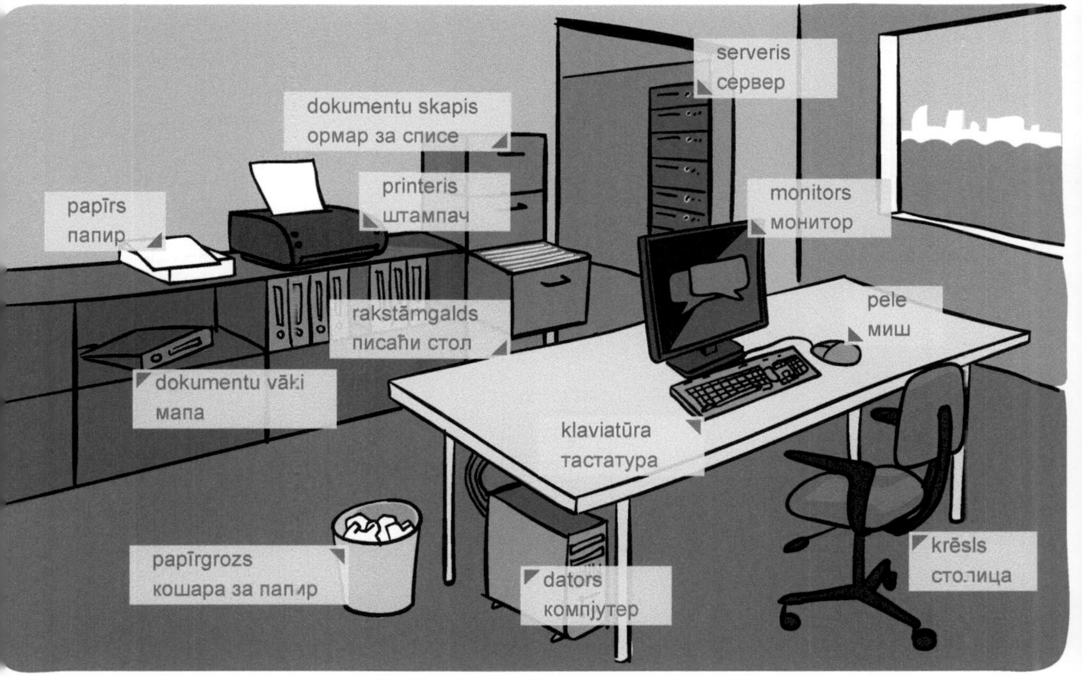
serveris
сервер
dokumentu skapis
ормар за списе
printeris
штампач
papīrs
папир
monitors
монитор
rakstāmgalds
писаћи стол
pele
миш
dokumentu vāki
мапа
klaviatūra
тастатура
papīrgrozs
кошара за папир
dators
компјутер
krēsls
столица

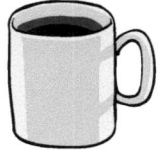

kafijas krūze

шалица за каву

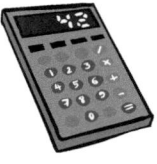

kalkulators

калкулатор

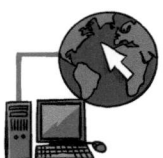

internets

интернет

portatīvais dators

лаптоп

vēstule

писмо

ziņa

порука

mobilais tālrunis

мобилни телефон

tīkls

мрежа

kopētājs

уређај за копирање

programmatūra

софтвер

telefons

телефон

rozete

утичница

faksa aparāts

факс

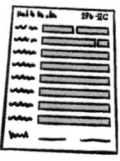

formulārs

формулар

dokuments

документ

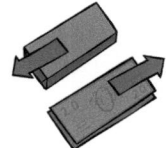

pirkt
куповати

samaksāt
платити

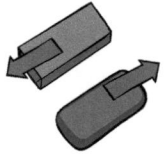

tirgot
трговати

nauda
новац

dolārs
долар

eiro
евро

jēna
јен

rublis
рубља

franks
швајцарски франак

juaņa renminbi
ренминдби јуан

rūpija
рупија

bankomāts
аутомат за новац

valūtas maiņas punkts

мењачница

zelts

злато

sudrabs

сребро

nafta

нафта

enerģija

енергија

cena

цена

līgums

уговор

nodoklis

порез

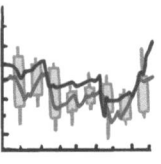

akcija

деонице

strādāt

радити

darbinieks

службеник

darba devējs

послодавац

fabrika

фабрика

veikals

продавница

# profesijas
# занимања

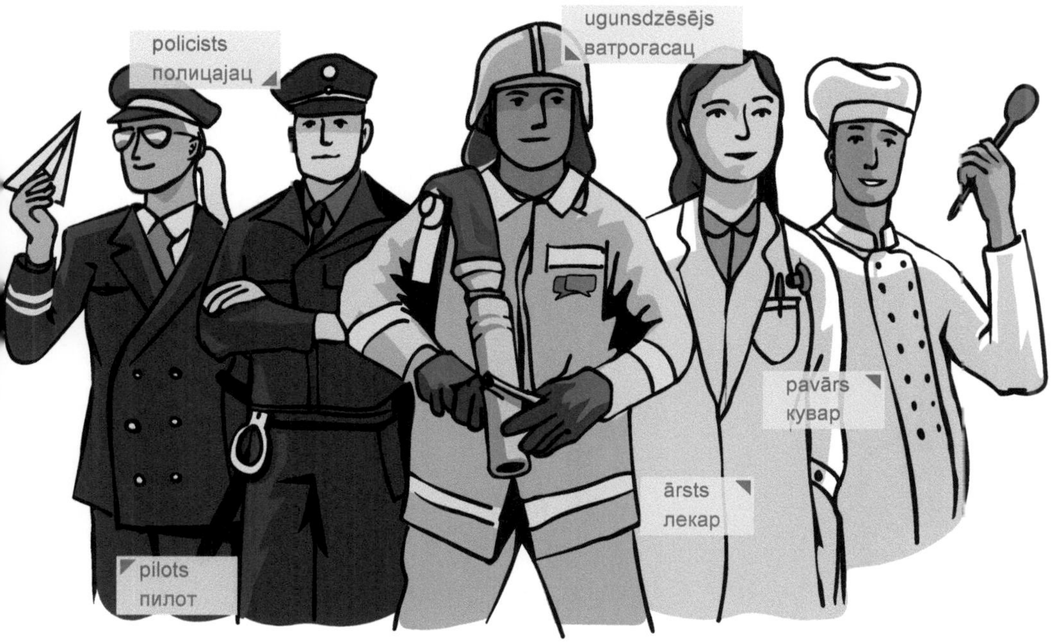

policists
полицајац
ugunsdzēsējs
ватрогасац
pavārs
кувар
ārsts
лекар
pilots
пилот

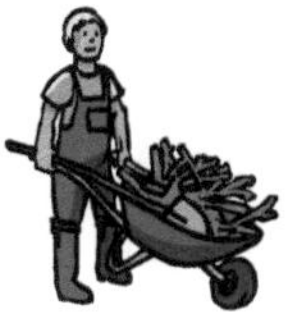

dārznieks

вртлар

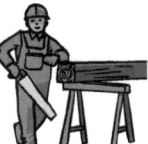

galdnieks

столар

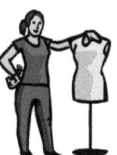

šuvēja

кројачица

tiesnesis

судија

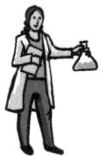

ķīmiķis

хемичар

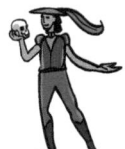

aktieris

глумац

autobusa vadītājs

возач аутобуса

taksometra vadītājs

возач таксија

zvejnieks

рибар

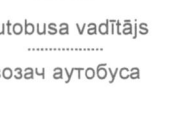

apkopēja

чистачица

jumiķis

кровопокривач

viesmīlis

конобар

mednieks

ловац

gleznotājs

сликар

maiznieks

пекар

elektriķis

електричар

celtnieks

грађевински радник

inženieris

инжењер

miesnieks

месар

skārdnieks

лимар

pastnieks

поштар

profesijas - занимања

karavīrs

војник

arhitekts

архитекта

kasieris

благајник

florists

цвећар

frizieris

фризер

konduktors

кондуктер

mehāniķis

механичар

kapteinis

капетан

zobārsts

зубар

zinātnieks

научник

rabīns

раби

imāms

имам

mūks

монах

mācītājs

свећеник

# instrumenti
# алати

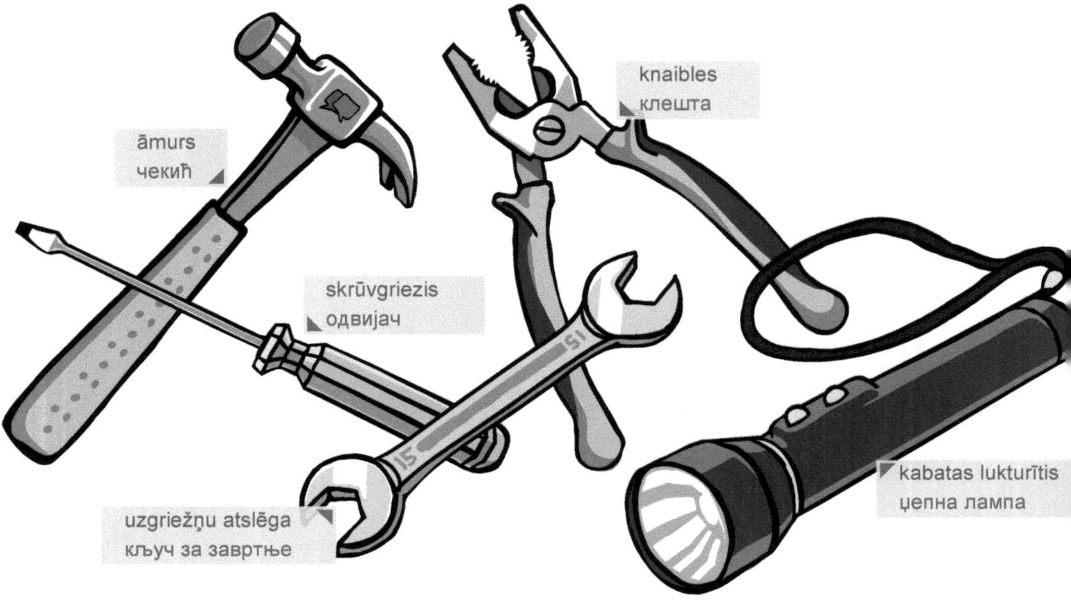

knaibles
клешта
āmurs
чекић
skrūvgriezis
одвијач
kabatas lukturītis
џепна лампа
uzgriežņu atslēga
кључ за завртње


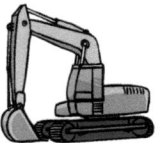

ekskavators

багер

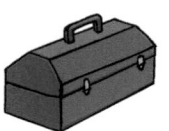

instrumentu kaste

кутија за алат

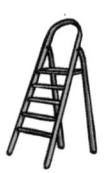

kāpnes

мердевине

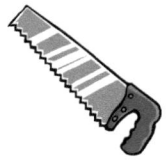

zāģis

пила

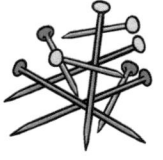

naglas

ексер

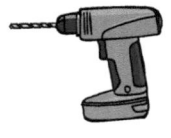

urbis

бушилица

remontēt

поправити

lāpsta

лопата

Velns!

до ђавола!

liekšķere

лопатица

krāsas bundža

лонац за боју

skrūves

завртањи

## mūzikas instrumenti
## музички инструмент

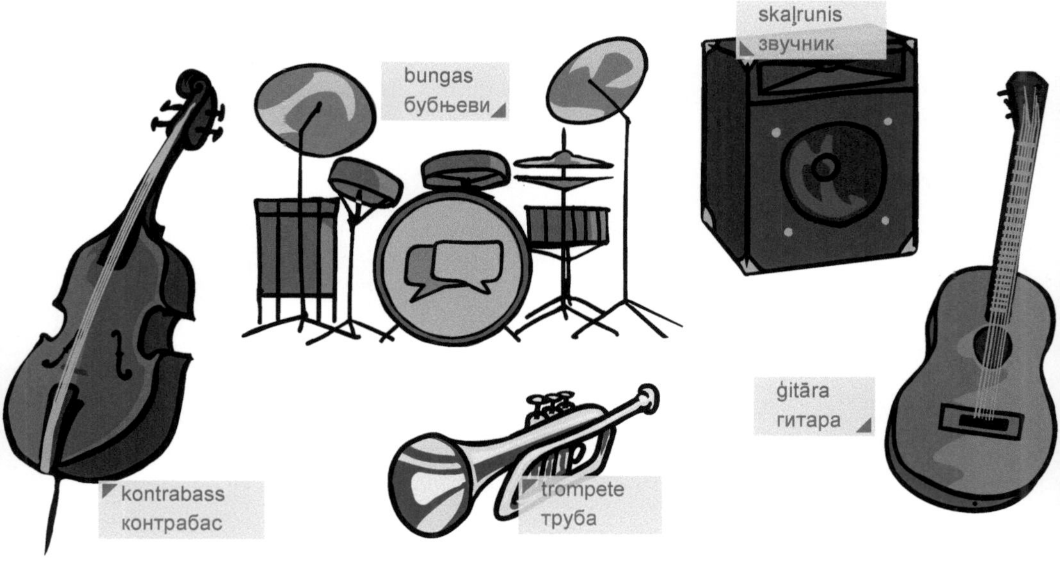

skaļrunis
звучник

bungas
бубњеви

kontrabass
контрабас

trompete
труба

ģitāra
гитара

klavieres

клавир

vijole

виолина

bass

бас

timpāni

тимпани

bungas

удараљке за бубњеве

digitālās klavieres

типке клавира

saksofons

саксофон

flauta

флаута

mikrofons

микрофон

# zooloģiskais dārzs

# зоолошки врт

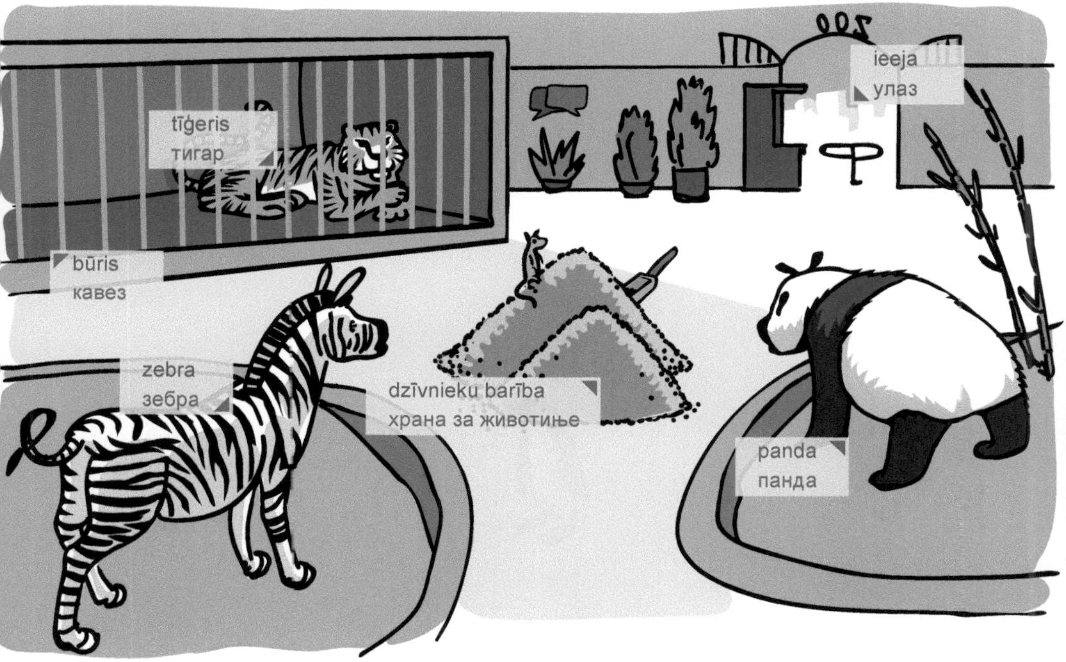
ZOO
ieeja
улаз
tīģeris
тигар
būris
кавез
zebra
зебра
dzīvnieku barība
храна за животиње
panda
панда

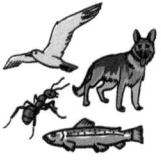

dzīvnieki

животиње

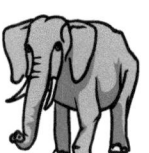

zilonis

слон

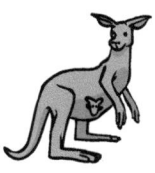

ķengurs

кенгур

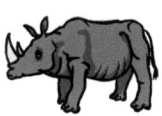

degunradzis

носорог

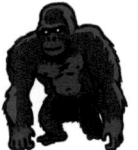

gorilla

горила

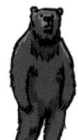

lācis

медвед

kamielis

камила

strauss

ноj

lauva

лав

pērtiķis

мајмун

flamings

фламинго

papagailis

папагаj

polārlācis

поларни медвед

pingvīns

пингвин

haizivs

аjкула

pāvs

паун

čūska

змиjа

krokodils

крокодил

zoodārza sargs

чувар у зоолошком врту

ronis

туљан

jaguārs

jагуар

ponijs

пони

leopards

леопард

nīlzirgs

нилски коњ

žirafe

жирафа

ērglis

орао

meža cūka

дивља свиња

zivs

риба

bruņurupucis

корњача

valzirgs

морж

lapsa

лисица

gazele

газела

amerikāņu futbols
амерички ногомет

riteņbraukšana
бициклизам

teniss
тенис

basketbols
кошарка

peldēšana
пливање

bokss
бокс

hokejs
хокеј на леду

futbols
фудбал

badmintons
бадминтон

vieglatlētika
атлетика

rokas bumba
рукомет

slēpošana
скијање

polo
поло

smieties
смејати се

lēkt
скочити

apskaut
загрлити

dziedāt
певати

iet
ићи

lūgt
молити се

skūpstīt
пољубити

sapņot
сањати

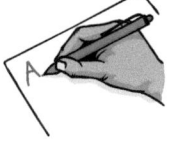

rakstīt

писати

zīmēt

цртати

rādīt

показати

spiest

гурати

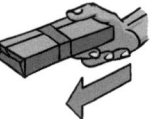

dot

дати

ņemt

узети

**būt**

имати

**darīt**

чинити

**būt**

бити

**stāvēt**

стојати

**skriet**

трчати

**vilkt**

повлачити

**mest**

бацити

**krist**

падати

**gulēt**

лежати

**gaidīt**

чекати

**nest**

носити

**sēdēt**

седити

**uzģērbt**

облачити

**gulēt**

спавати

**pamosties**

пробудити се

**skatīties**

гледати

**raudāt**

плакати

**glāstīt**

миловати

**ķemmēt**

чешљати

**runāt**

говорити

**saprast**

разумети

**jautāt**

питати

**dzirdēt**

слушати

**dzert**

пити

**ēst**

јести

**sakārtot**

поспремити

**mīlēt**

волети

**vārīt**

кухати

**braukt**

возити

**lidot**

летети

burot

пловити

rēķināt

рачунати

lasīt

читати

mācīties

учити

strādāt

радити

precēties

венчати се

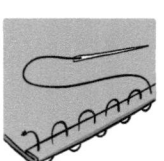

šūt

шити

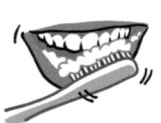

tīrīt zobus

прати зубе

nogalināt

убити

smēķēt

пушити

sūtīt

послати

# ģimene
# породица

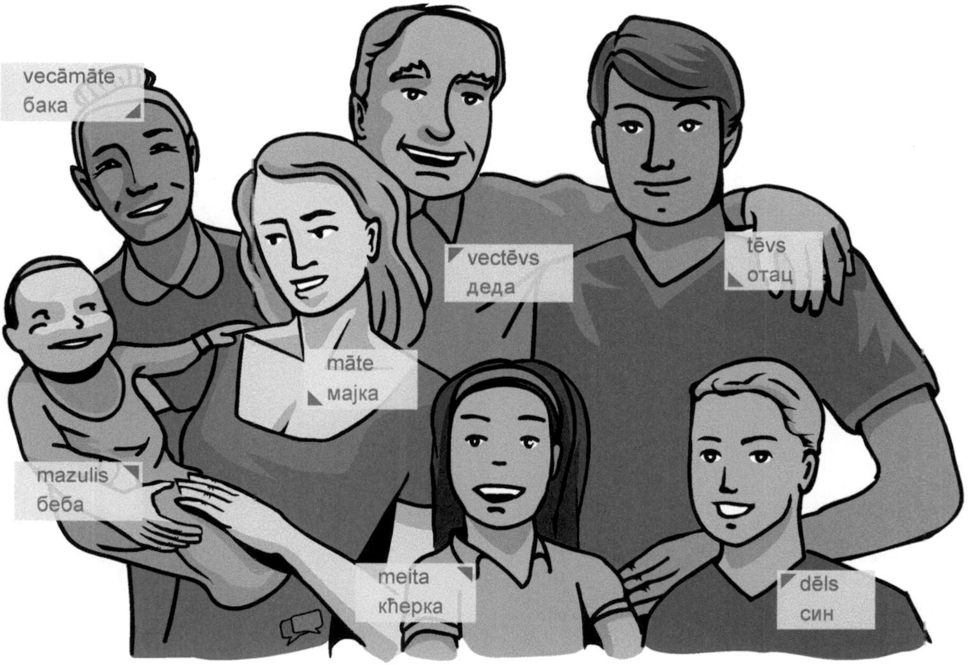

vecāmāte
бака
vectēvs
деда
tēvs
отац
māte
мајка
mazulis
беба
meita
кћерка
dēls
син


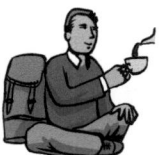

viesis

гост

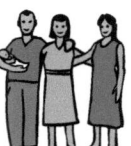

tante

тетка

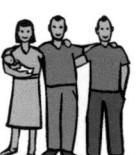

onkulis

ујак, стриц

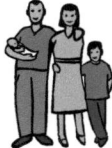

brālis

брат

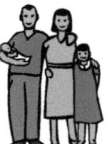

māsa

сестра

# ķermenis

# тело

piere
чело
acs
око
plecs
раме
pirksts
прст
seja
лице
zods
брада
roka
рука
kāja
нога
krūtis
груди
roka
рука


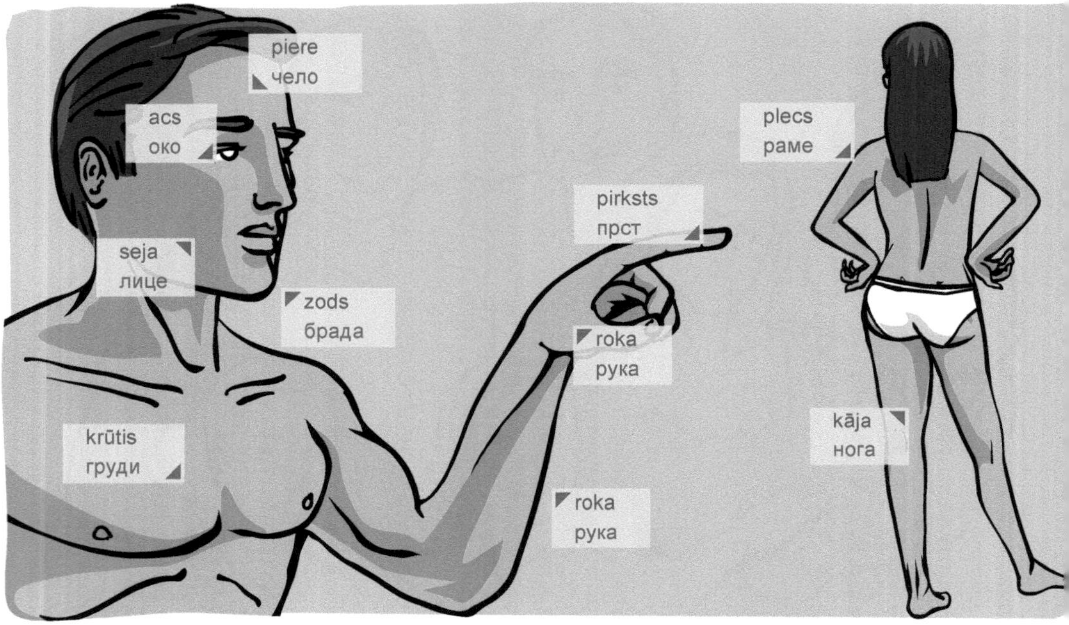

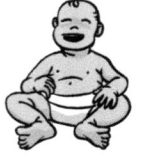

mazulis

беба

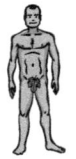

vīrietis

мушкарац

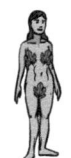

sieviete

жена

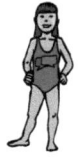

meitene

девојчица

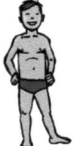

zēns

дечак

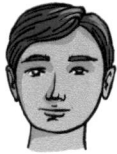

galva

глава

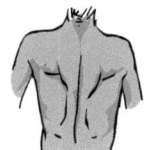

mugura

леђа

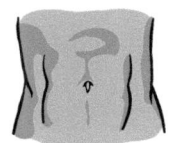

vēders

стомак

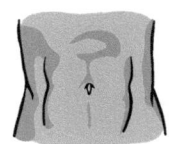

naba

пупак

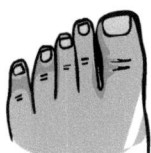

kājas pirksts

ножни прст

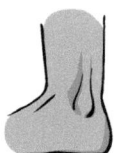

papēdis

пета

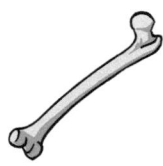

kauls

кост

gurns

кукови

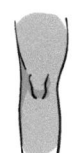

celis

колено

elkonis

лакат

deguns

нос

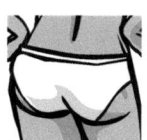

dibens

задњица

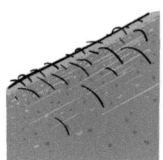

āda

кожа

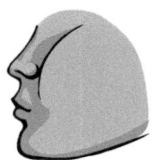

vaigs

образ

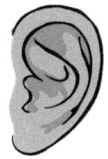

auss

уво

lūpa

усна

mute
.............
уста

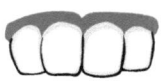

zobs
.............
зуб

mēle
.............
језик

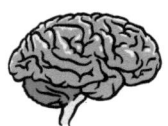

smadzenes
.............
мозак

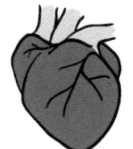

sirds
.............
срце

muskulis
.............
мишић

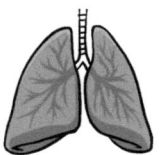

plaušas
.............
плућа

aknas
.............
јетра

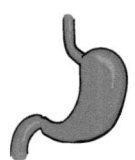

kuņģis
.............
желудац

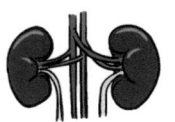

nieres
.............
бубрези

dzimumakts
.............
полни однос

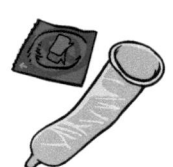

kondoms
.............
кондом

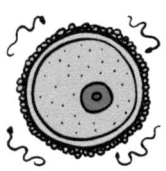

olšūna
.............
јајна ћелија

sperma
.............
сперма

grūtniecība
.............
трудноћа

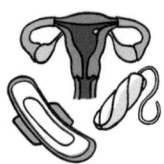

menstruācijas

менструација

vagīna

вагина

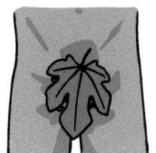

penis

пенис

uzacs

обрва

mati

коса

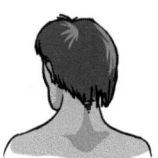

kakls

врат

ķermenis - тело

# slimnīca

# болница

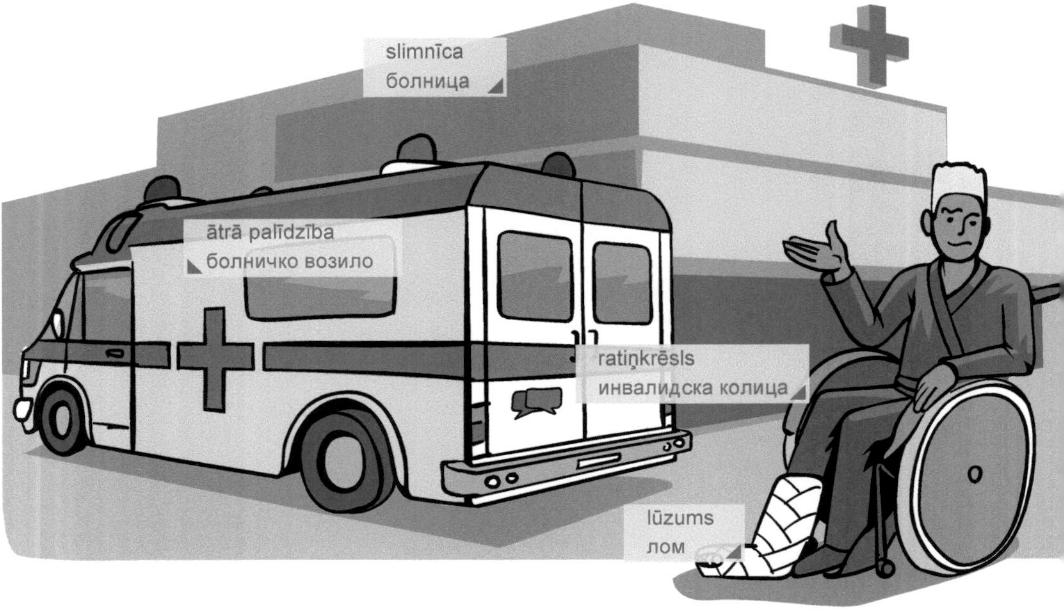

slimnīca
болница
ātrā palīdzība
болничко возило
ratiņkrēsls
инвалидска колица
lūzums
лом


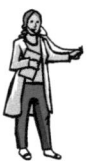

ārsts

лекар

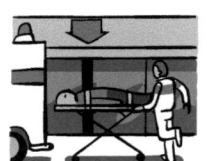

neatliekamās palīdzības nodaļa

хитна медицинска служба

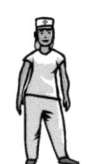

medmāsa

медицинска сестра

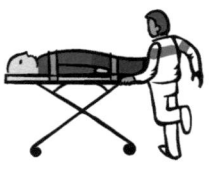

ārkārtas gadījums

хитни случај

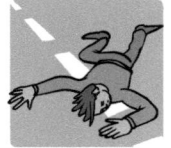

paģībis

несвест

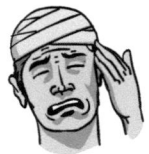

sāpes

бол

ievainojums

повреда

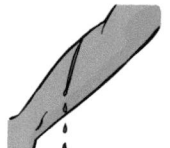

asiņošana

крварење

sirdslēkme

срчани удар

insults

удар

alerģija

алергија

klepus

кашаљ

temperatūra

грозница

gripa

грипа

caureja

пролив

galvassāpes

главобоља

vēzis

рак

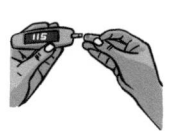

diabēts

дијабетес

ķirurgs

хирург

skalpelis

скалпел

operācija

операција

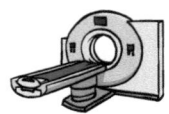

datortomogrāfija

цт

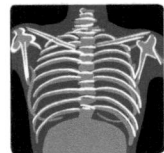

rentgents

рентген

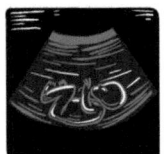

ultraskaņa

ултразвук

sejas maska

маска

slimība

болест

uzgaidāmā telpa

чекаона

kruķis

штака

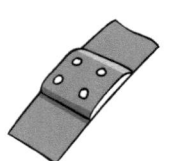

plāksteris

фластер

apsējs

завој

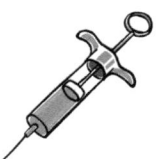

injekcija

ињекција

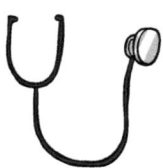

stetoskops

стетоскоп

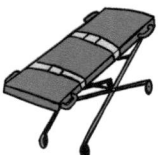

nestuves

носила

termometrs

термометар

dzemdības

пођење

liekais svars

прекомерна тежина

dzirdes aparāts

слушни апарат

dezinfekcijas līdzeklis

средство за дезинфекцију

infekcija

инфекција

vīruss

вирус

HIV / AIDS

хив / аидс

zāles

медицина

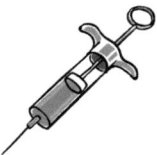

pote

вакцинација

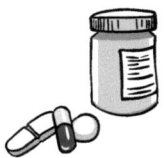

tabletes

таблете

pretapaugļošanās tabletə

пилула

ārkārtas izsaukums

хитни позив

asinsspiediena mērītājs

уређај за мерење притиска

slims / vesels

болесно / здраво

slimnīca - болница

Palīgā!

помоћ!

trauksme

аларм

uzbrukums

насртај

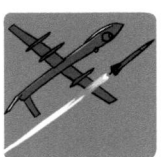

uzbrukums

напад

bīstamība

опасност

avārijas izeja

излаз у случају нужде

Uguns!

пожар!

ugunsdzēšamais aparāts

противпожарни апарат

negadījums

незгоца

pirmās palīdzības aptieciņa

кутија прве помоћи

SOS

сос

policija

полиција

Eiropa

Европа

Ziemeļamerika

Северна Америка

Dienvidamerika

Јужна Америка

Āfrika

Африка

Āzija

Азија

Austrālija

Аустралија

Atlantijas okeāns

Атлантик

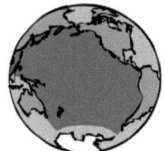

Klusais okeāns

Пацифик

Indijas okeāns

Индијски океан

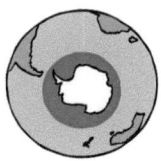

Dienvidu okeāns

Антарктички океан

Ziemeļu ledus okeāns

Арктички океан

Ziemeļpols

Северни рол

Dienvidpols

Јужни рол

Antarktika

Антарктик

zeme

земља

zeme

земља

jūra

море

sala

оток

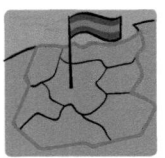

nācija

нација

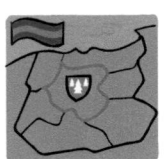

valsts

држава

ciparnīca

бројчаник сата

stundu rādītājs

сатна казаљка

minūšu rādītājs

минутна казаљка

sekunžu rādītājs

секундна казаљка

Cik ir pulkstenis?

Колико је сати?

diena

дан

laiks

време

tagad

сада

digitālais pulkstenis

дигитални сат

minūte

минута

stunda

час

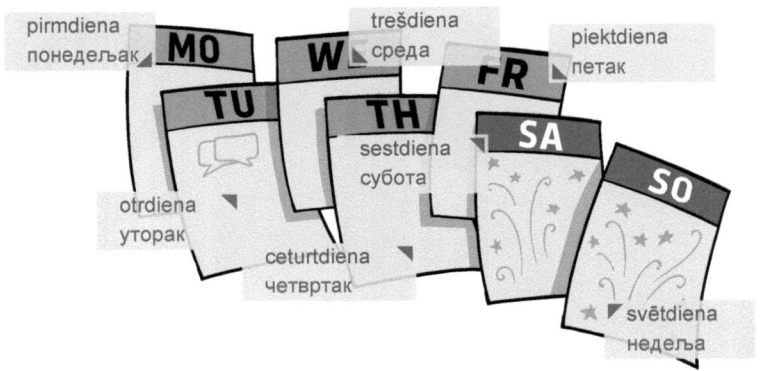

pirmdiena / понедељак — MO
otrdiena / уторак — TU
trešdiena / среда — W
ceturtdiena / четвртак — TH
piektdiena / петак — FR
sestdiena / субота — SA
svētdiena / недеља — SO

vakardien
jуче

šodien
данас

rītdien
сутра

rīts
jутро

pusdienlaiks
подне

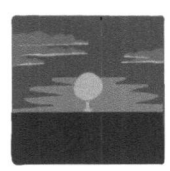

vakars
вече

| MO | TU | WE | TH | FR | SA | SU |
|----|----|----|----|----|----|----|
| 1 | 2 | 3 | 4 | 5 | 6 | 7 |
| 8 | 9 | 10 | 11 | 12 | 13 | 14 |
| 15 | 16 | 17 | 18 | 19 | 20 | 21 |
| 22 | 23 | 24 | 25 | 26 | 27 | 28 |
| 29 | 30 | 31 | 1 | 2 | 3 | 4 |

darbadienas
радни дани

| MO | TU | WE | TH | FR | SA | SU |
|----|----|----|----|----|----|----|
| 1 | 2 | 3 | 4 | 5 | 6 | 7 |
| 8 | 9 | 10 | 11 | 12 | 13 | 14 |
| 15 | 16 | 17 | 18 | 19 | 20 | 21 |
| 22 | 23 | 24 | 25 | 26 | 27 | 28 |
| 29 | 30 | 31 | 1 | 2 | 3 | 4 |

brīvdienas
викенд

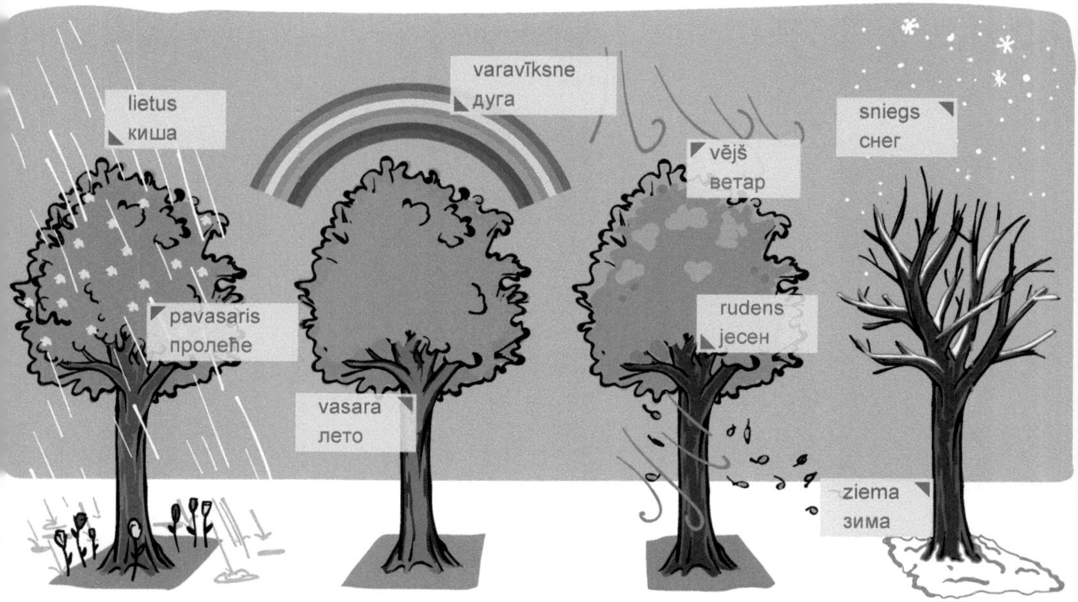

lietus
киша
varavīksne
дуга
vējš
ветар
sniegs
снег
pavasaris
пролеће
vasara
лето
rudens
јесен
ziema
зима

4.APRIL 11°
5.APRIL 4°
6.APRIL 13°
7.APRIL 8°
8.APRIL 10°

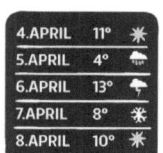

laika prognoze

метеоролошка прогноза

F C
120 40
90 30
60 20
30 10
0 0
-30 -10
-20

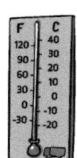

termometrs

термометар

saules gaisma

сунчана светлост

mākonis

облак

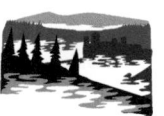

migla

магла

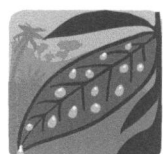

gaisa mitrums

влажност ваздуха

zibens

муња

pērkons

грмљавина

vētra

олуја

krusa

туча

musons

монсун

plūdi

поплава

ledus

лед

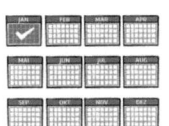

janvāris

јануар

februāris

фебруар

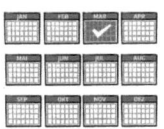

marts

март

aprīlis

април

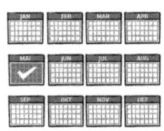

maijs

мај

jūnijs

јуни

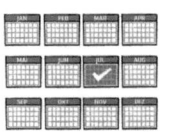

jūlijs

јули

augusts

август

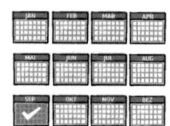

septembris
..................
септембар

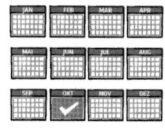

oktobris
..................
октобар

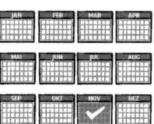

novembris
..................
новембар

decembris
..................
децембар

aplis
..................
круг

kvadrāts
..................
квадрат

četrstūris
..................
правоугао

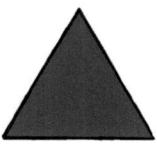

trīsstūris
..................
троугао

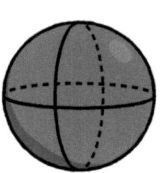

lode
..................
кугла

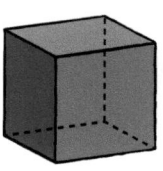

kubs
..................
коцка

balts

бела

dzeltens

жута

oranžs

наранџаста

sārts

ружичаста

sarkans

црвена

lillā

љубичаста

zils

плава

zaļš

зелена

brūns

смеђа

pelēks

сива

melns

црна

daudz / maz

много / мало

saniknots / miermīlīgs

љутито / мирно

skaists / neglīts

лепо / ружно

sākums / beigas

почетак / крај

liels / mazs

велико / малено

gaišs / tumšs

светло / тамно

brālis / māsa

брат / сестра

tīrs / netīrs

чисто / прљаво

pilnīgs / nepilnīgs

потпуно / непотпуно

diena / nakts

дан / ноћ

miris / dzīvs

мртво / живо

plats / šaurs

широко / уско

**baudāms / nebaudāms**

јестиво / нејестиво

**nikns / laipns**

зло / добро

**satraukts / garlaikots**

узбуђено / досадно

**resns / tievs**

дебело / мршаво

**pirmais /pēdējais**

на почетку / на крају

**draugs / ienaidnieks**

пријатељ / непријатељ

**pilns / tukšs**

пуно / празно

**ciets / mīksts**

тврдо / мекано

**smags / viegls**

тешко / лагано

**izsalkums / slāpes**

глад / жеђ

**slims / vesels**

болесно / здраво

**nelegāls / legāls**

илегално / легално

**inteliģents / dumjš**

паметно / глупо

**kreisais / labais**

лево / десно

**tuvu / tālu**

близу / далеко

jauns / lietots

ново / половно

nekas / kaut kas

ништа / нешто

vecs / jauns

старо / младо

ieslēgts / izslēgts

укључено / искључено

atvērts / slēgts

отворено / затворено

kluss / skaļš

тихо / гласно

bagāts / nabags

богато / сиромашно

pareizi / nepareizi

тачно / погрешно

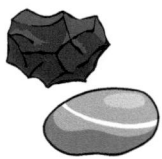

raupjš / gluds

храпаво / глатко

noskumis / laimīgs

тужно / сретно

īss / garš

кратко / дуго

lēns / ātrs

полако / брзо

slapjš / sauss

мокро / сухо

silts / vēss

топло / хладно

karš / miers

рат / мир

**0**

nulle

нула

**1**

viens

један

**2**

divi

два

**3**

trīs

три

**4**

četri

четири

**5**

pieci

пет

**6**

seši

шест

**7**

septiņi

седам

**8**

astoņi

осам

**9**

deviņi

девет

**10**

desmit

десет

**11**

vienpadsmit

једанаест

**12**

divpadsmit

дванаест

**13**

trīspadsmit

тринаест

**14**

četrpadsmit

четрнаест

**15**

piecpadsmit

петнаест

**16**

sešpadsmit

шестнаест

**17**

septiņpadsmit

седамнаест

**18**

astoņpadsmit

осамнаест

**19**

deviņpadsmit

деветнаест

**20**

divdesmit

двадесет

**100**

simts

стотину

**1.000**

tūkstotis

хиљаду

**1.000.000**

miljons

милион

angļu
.................
енглески

amerikāņu angļu
.................
амерички енглески

ķīniešu mandarīnu valoda
.................
мандарински кинески

hindi
.................
хиндски

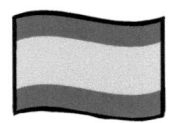

spāņu
.................
шпански

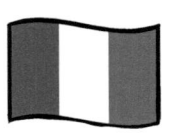

franču
.................
француски

arābu
.................
арапски

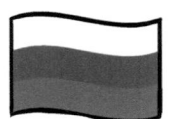

krievu
.................
руски

portugāļu
.................
португалски

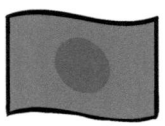

bengāļu
.................
бенгалски

vācu
.................
немачки

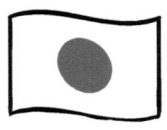

japāņu
.................
јапански

es
ja

tu
ти

viņš / viņa
он / она / оно

mēs
ми

jūs
ви

viņi / viņas
они

kas?
Ко?

ko?
Шта?

kā?
Како?

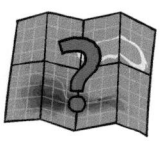

kur?
Где?

kad?
Када?

vārds
име

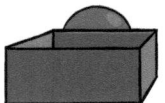

aiz

иза

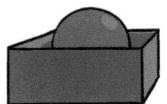

iekšā

у

priekšā

испред

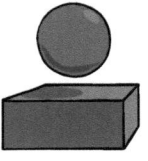

virs

преко

uz

на

zem

испод

blakus

поред

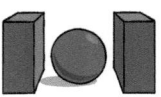

starp

између

vieta

место